BEI GRIN MACHT SICH IHR WISSEN BEZAHLT

- Wir veröffentlichen Ihre Hausarbeit,
  Bachelor- und Masterarbeit

- Ihr eigenes eBook und Buch -
  weltweit in allen wichtigen Shops

- Verdienen Sie an jedem Verkauf

Jetzt bei www.GRIN.com hochladen
und kostenlos publizieren

Ruth Flocke

Das Verhältnis der Kunst zum absoluten Geist in Hegels Enzyklopädie der philosophischen Wissenschaften (§§562-563)

GRIN Verlag

Bibliografische Information der Deutschen Nationalbibliothek:

Die Deutsche Bibliothek verzeichnet diese Publikation in der Deutschen National-
bibliografie; detaillierte bibliografische Daten sind im Internet über http://dnb.d-
nb.de/ abrufbar.

Impressum:

Copyright © 2009 GRIN Verlag GmbH
Druck und Bindung: Books on Demand GmbH, Norderstedt Germany
ISBN: 978-3-640-40250-2

Dieses Buch bei GRIN:

http://www.grin.com/de/e-book/129005/das-verhaeltnis-der-kunst-zum-absoluten-
geist-in-hegels-enzyklopaedie-der

GRIN - Your knowledge has value

Der GRIN Verlag publiziert seit 1998 wissenschaftliche Arbeiten von Studenten, Hochschullehrern und anderen Akademikern als eBook und gedrucktes Buch. Die Verlagswebsite www.grin.com ist die ideale Plattform zur Veröffentlichung von Hausarbeiten, Abschlussarbeiten, wissenschaftlichen Aufsätzen, Dissertationen und Fachbüchern.

Besuchen Sie uns im Internet:

http://www.grin.com/

http://www.facebook.com/grincom

http://www.twitter.com/grin_com

Das Verhältnis der Kunst zum absoluten Geist in Hegels Enzyklopädie der philosophischen Wissenschaften (§§562-563)

Ausgearbeitetes Referat von Ruth Flocke

Blockseminar: Absoluter Geist in Hegels Enzyklopädie

Im Sommersemester 2008

Gliederung

1. Kunst in der EPW

In den Paragraphen §§556-563 legt Hegel in knapper Form die wesentlichen Gedanken seiner Philosophie der Kunst dar. Kunst sei dabei die erste Stufe auf dem Weg zu Selbsterkenntnis des Absoluten. Dabei führt er die geistesgeschichtliche Bedeutung der Kunst auf. Kunst sei die Form, in der der absolute Geist sich selbst erfasse und zur Anschauung bringe. Hegel versteht die Kunst als Moment des absoluten Geistes. Der Sinn der Kunst sei, dass die Wahrheit in ihr ans Licht komme, jedoch könne die Art, in der die Kunst die Wahrheit zeige, durch die Gebundenheit der Kunst an bestimmte Gestaltungsweisen und den geschichtlichen Kontext, bloß eine unangebrachte sein, sie sei nur ein Anfang der in der Religion weitergeführt werden könne. Denn die unmittelbar schöne Gestalt der Kunst könne lediglich das Dasein des Göttlichen **realisieren**. So könne, nach Hegel, die Kunst das Absolute nur anschauen, nicht denken oder wissen. Kunst sei weder der angemessene Ausdruck für ihren Inhalt, noch vermöge sie die volle Wirklichkeit als Inhalt zu fassen. Die Kunst bleibe als greifbare Inhaltlichkeit geschichtlich und kulturell eingeschränkt, weil die schöne Gestalt, ihr Ideal, „nur das angeschaute bzw. vorgestellte Sein des absoluten Geistes" sei (Hegels EPW, Seite 353). „Es ist die Absolutheit des absoluten Geistes und damit die vollendete Wahrheit, die eine vollendete Kunst verhindert und zwar dadurch verhindert, dass sie sich einer angemessenen Darstellung im sinnlichen Material entzieht." (Hegels Lehre vom absoluten Geist, Seite 206)

Die ersten Paragraphen §§556-561 analysieren das Schönheitsideal der griechischen Kunst. Diese habe die vollendete Gestalt. Sie zeichne sich durch die Angemessenheit von Idee und Gestaltung aus, erreiche so eine „gelungene Gestalt im Sinne einer adäquaten, harmonischen In-Eins-Bildung von Form und Inhalt" (Hegels EPW, Seite 353). Hegel knüpft den Begriff der Kunst stark an den der Religion, da die Mythologien von denen die Kunst lebe und deren Vorstellungen sie enthalte, von religiösen Vorstellungen getragen würden. Adriaan Peperzak bezeichnet daher die Kapitel über die Kunst auch als Philosophie der griechischen Religion. Man könne die Kritik Hegels an der Kunst auch als Kritik an der griechischen Religion verstehen, das Empiristische der Kunst entspräche der Endlichkeit des Polytheismus der Griechen. Man könne den Gedankengang, den

Hegel in diesen Paragraphen zeichnet, als kritische Analyse der Endlichkeit verstehen. Hegel weist auf die Überwindungsbedürftigkeit der schönen Gestalt hin. Der Übergang zur christlichen Religion in §563 zeigt, dass die wahre Idee nur in der Unendlichkeit der Gottmenschlichkeit zum Ausdruck kommt.

So wird in §§561-563 die religiöse Unzulänglichkeit aller Künste nachgewiesen. Dafür stellt er eine in der EPW sehr kurze Version seiner Bestimmung der Kunstformen an. Er unterscheidet drei Formen der Kunst, die romantische, griechische und symbolische Kunst. Was die symbolische Kunstform noch nicht hervorbringen könne, lasse die Romantik hinter sich, während das Ideal in der griechischen Kunst erreicht werde. In §563 beendet er seine Überlegungen damit, den Vergangenheitscharakter der Kunst zu zeigen.

2. Exegese

2.1 §562

In diesem Paragraphen stellt Hegel die drei geistesgeschichtlichen Kunstformen in einen Zusammenhang mit dem absoluten Geist. Er führt das Verhältnis der Kunstformen zum absoluten Geist aus.

Die andere Weise aber der Unangemessenheit der Idee und der Gestaltung ist (die romantische Kunst).

Hegel hat in den vorigen Paragraphen verdeutlicht, dass er die griechische Kunstform Hegel als in Idee und Gestaltung angemessen, das Ideal –die wahre Idee der Schönheit– erreichend, bezeichnet, als Vollendung der Schönheit. Sie bildet so die Mitte zwischen den beiden Extremen der symbolischen Kunst, die aus Mangel unangemessen ist, und der romantischen Kunst, die aus Überfluss unangemessen ist. Daraus folgt, dass die Unangemessenheit der romantischen und der symbolischen Kunst völlig entgegengesetzt ist. Während die Symbolik im Erstreben des Ideals besteht, es aber noch nicht hervorbringen kann, überschreitet die Romantik das Ideal wieder, lässt das Ideal hinter sich, das die griechische bzw. klassische Kunst erreicht hatte. So ergibt sich „für den Bezug der klassischen zur romantischen Kunst eine Dialektik, die ihrer Beziehung zum symbolischen abgeht" (Hegels Lehre vom absoluten Geist, Seite 206).

[...] dass die unendliche Form, die Subjektivität, nicht wie in jenem Extreme nur oberflächliche Persönlichkeit, sondern das Innerste ist, und der Gott nicht als seine Gestalt nur suchend oder in äußerer sich befriedigend [...]
Subjektivität meint den für sich und bei sich seienden Geist, der in der Symbolik nur als oberflächliche Persönlichkeit, seine Gestalt bloß suchend, erscheint. In der Klassik befriedigt sich die Subjektivität als lebendige Individualität.
Das meint, dass in der Symbolik Gottes Gestalt überhaupt noch nicht im Geist, also ungeistig ist, da etwas das unpersönlich ist personifiziert wird. Daher ist sie unangemessen in Idee und Gestaltung, erreicht das Ideal nicht und kann daher als oberflächliche Persönlichkeit dargestellt werden. Allerdings ist ein Versuch das Ideal

darzustellen gezeigt, so wird Gottes Gestalt der Geistigkeit entgegengehoben und kann als seine Gestalt suchend bezeichnet werden.

Die Romantik und Klassik zeigen Gottes Gestalt im Geist. Aber in der Klassik ist Gottes Geist vom Geist des Menschen, Gott befriedigt sich in äußerer Gestalt. So kann Gott eine bloß leiblich geistige Individualität zugesprochen werden. Der griechischen Kunst gelingt die vollendete Einheit der äußeren Gestalt und der Idee eben nur, weil sie Gott nicht in seiner vollendeten Subjektivität, das meint vollendeten Geistigkeit, darstellt.

[...] sondern sich nur findend, hiermit im Geistigen allein seine adäquate Gestalt sich gebend, gewusst wird.

In der romantischen Kunst erschließt Gott sich schließlich in seiner reinen Geistigkeit und kann als absolute Subjektivität auftreten. Durch die adäquate Gestalt ermöglicht er die Begegnung mit ihm von Person zu Person. Jedoch ist diese Gestaltung unangemessen. Durch das Erreichen der absoluten Geistigkeit der Idee, ist es der Romantik nicht mehr möglich diesen angemessen darzustellen.

So gibt die romantische Kunst es auf ihn als solchen in äußerer Gestalt und durch Schönheit zu zeigen [...]

So ist es also der absolute Geist selbst, der durch seine absolute Geistigkeit, eine Darstellung im Sinnlichen verhindert. Der absolute Geist findet sich in der Romantik in sich selbst und ist daher die höhere Wahrheit im Gegensatz zur Klassik. So bedeutet die Unangemessenheit von Idee und äußerer Gestalt in der Romantik, dass der absolute Geist seine wirkliche Gestalt gefunden hat und so nicht mehr wirklich in äußerer Gestalt dargestellt werden kann.

Der Unterschied zwischen der klassischen und romantischen Kunst sind die Seinsebenen auf denen sich der Gott der Klassik bzw. der Gott der Romantik befindet. Während in der Klassik Gottes Geist vom Geist der Menschen ist, ist Gottes Sein in der Romantik ein Faktum. Denn sie hat die wirkliche Subjektivität, den für sich und bei sich seienden Geist zum Thema mit ihrer Gegebenheit in der weltlichen Existenz. Vollkommen wirklich ist die göttliche Subjektivität erst, wenn sie als Christus in die äußerliche Welt eintritt, was Thema der Romantik ist.

Durch dieses Faktum der Menschwerdung Gottes ist der Inhalt der Romantik gegeben. Sie gibt so den Anspruch auf Gott als solchen zu zeigen, den die Klassik noch erhebt. Die Romantik zeigt äußere Gestalt, da sie sonst keine Kunst wäre, allerdings aus Weisheit nicht Gott in seiner Subjektivität an sich, sondern seine Menschwerdung.

Dass die Romantik es aufgibt das Ideal in Schönheit zu zeigen, bedeutet, dass sie eine höhere Schönheit als die der Klassik ausdrückt. Sie bringt die Schönheit des Inneren, des Geistes, eine transzendente Schönheit zum Ausdruck, während die Klassik die Schönheit des Leibes zeigt.

[...] sie stellt ihn als nur zur Erscheinung sich herablassend [...]
Das dargestellte sich Herablassen Gottes ist Jesus, die Menschwerdung Gottes. So ist die Menschwerdung Gottes die Bedingung der Möglichkeit der Kunst. Gott selbst geht in das äußerliche Dasein, das die Kunst braucht, um überhaupt existieren zu können. Erst nach Christus hat Kunst also die wirkliche Subjektivität Gottes zum Thema. „Die absolute Subjektivität [...] würde der Kunst entfliehen, und nur dem Denken zugänglich sein, wenn sie nicht, um *wirkliche*, ihrem Begriff gemäße Subjektivität zu sein, auch in das äußere Dasein hereinträte und aus dieser Realität sich in sich zusammennähme." (Hegel, zitiert nach Hegels Lehre vom absoluten Geist, Seite 209)

[...] welche daher hier in Zufälligkeit gegen ihre Bedeutung erscheinen darf.
Hierbei wird das Problem der romantischen Kunst klar. Kunst, die äußerlich ist, kann nicht „der angemessene Ausdruck für ihren Inhalt sein, und kann nicht die volle Wahrheit als ihren Inhalt fassen" (Selbsterkenntnis des Absoluten, Seite 92). Der vollkommen wirkliche Geist entzieht sich der äußerlichen Welt, wird allerdings durch seinen gleichzeitigen Eintritt in diese vervollkommnt, so kann es der Kunst, die rein äußerlich ist, allerdings nie gelingen den absoluten Geist wahrhaft angemessen darzustellen.

Nur der Eintritt Gottes in die äußerliche Welt in Gestalt seines Sohnes ermöglicht überhaupt die Kunst. Die absolute Geistigkeit würde durch Kunst nicht darstellbar sein, wenn sie nicht zur Vervollkommnung auch in die äußere Welt treten würde. Während das Sich-Herablassen Gottes die Kunst ermöglicht, konstituiert es diese aber auch.

So werden die beiden Hauptideale der Romantik durch das Herablassen Gottes konstituiert.

Das eine ist die Liebe, die durch Gottes Sohn, der sich gütig den Menschen zuwendet, konstituiert ist.

Das zweite Hauptideal ist die Überlegenheit Gottes, die durch den nach dem Herablassen sich der Äußerlichkeit wieder entziehenden Sohn vorgeschrieben ist. Das Darstellen des sich der Äußerlichkeit entziehenden Gottes wirkt widersprüchlich. Dies beinhaltet genau das Problem der Kunst, den absoluten Geist darzustellen. Es gelingt der romantischen Kunst, Hegel zufolge, aber das Göttliche als Innigkeit in der Äußerlichkeit, dieser selbst sich entnehmend darzustellen. So wird diese Innigkeit durch die Kunst vorgestellt, indem sie das Zurücknehmen des Inneren in sich und nicht die Versenkung des Innern in die äußerliche Leiblichkeit, aber als einen Prozess im äußerlichen Dasein zum Thema hat.

Das Herablassen Gottes ermöglicht also die Kunst und konstituiert sie, allerdings bedingt es auch etwas Negatives. Darunter versteht Hegel, dass die Äußerlichkeit in Zufälligkeit gegen ihre Bedeutung erscheinen darf.

Die notwendig Zufälligkeit des Ereignisses der Herablassens Gottes in unserer Zeit konstituiert diese auch Eigenschaft.

2.2 §563

Die schöne Kunst (wie deren eigentümliche Religion) hat ihre Zukunft in der wahrhaften Religion.

Hier wird der Übergang von der Kunstreligion zur geoffenbarten Religion vollzogen. Die Zukunft der Kunst wird in der wahrhaften, das bedeutet christlichen, Religion bestimmt. Dass die Religion die Zukunft, das heißt die höhere Stufe der Kunst, ist bedeutet, dass die Kunst, die in der Sphäre der Phantasie ist, ihre Zukunft in der Religion, die durch Christus im Bereich historischer Gegebenheit liegt, hat. Das durch Gott Vorgegebene, geschichtlich Wirkliche ist im Gegensatz zum Ideal der Kunst der Gegenstand des Christentums. Die Religion ist „deshalb eine viel höhere Sphäre des Absoluten als die Kunst" (Selbsterkenntnis des Absoluten, Seite 92/93). Die Ablösung der bildlichen Gestalt des Ideals, wie es in der Kunst vorkommt, durch das Ideal als das in sich vermittelnde Wissen, wie es in der Religion geschieht, ist notwendig. Die Zukunft der griechischen Kunst ist die romantische Kunst, die es wiederum aufgegeben hat den Geist an sich darzustellen (vergleich §562). So ist die romantische Kunst nur noch die Illustration der christlichen Religion, der Menschwerdung Gottes und hat ihre Zukunft in der Religion. Hegel selbst sagt: „Die Kunst hat auch ein Nach. Die Kunst als Explikation der Wahrheit geht in ein Höheres über." (zitiert nach Hegels EPW, Seite 368).

Der beschränkte Gehalt der Idee geht an und für sich in die mit der unendlichen Form identische Allgemeinheit (über).

Die Kunst kann bloß einen beschränkten Gehalt der Idee zum Ausdruck bringen, während der wahre unendliche Gehalt nur in der Religion zum Ausdruck kommen kann. Die Religion ist in der Lage die mit der unendlichen Form identische Allgemeinheit zu greifen. Sie vermag es die volle Wahrheit als ihren Inhalt zu fassen, während dies der Kunst nicht gelingen kann, da sie nur den beschränkten Inhalt der Idee – nicht jedoch die Idee an sich – zeigen kann.

[...] die Anschauung, das unmittelbare, an Sinnlichkeit gebundene Wissen in das sich in sich vermittelnde Wissen, in ein Dasein, das selbst das Wissen ist, in das Offenbaren, über, so dass der Inhalt der Idee die Bestimmung der freien Intelligenz zum Prinzip hat und absoluter Geist für den Geist ist.

Da das Ästhetische nur die Anschauung, das an Sinnlichkeit gebundene Wissen wiedergibt, umfasst es nicht die Wahrheit des absoluten Geistes, während die Religion das sich in sich vermittelnde Wissen, das Offenbaren von sich selbst als absoluter Geist des absoluten Geistes einschließt. Die wahre Religion ist die Offenbarung der Menschwerdung Gottes, dieses kann die Kunst in ihrer Äußerlichkeit nicht enthalten. Das Christentum kann das äußerlich Vorgegebene mit eigener Innerlichkeit vermitteln. Durch den Übergang zu der Religion wird der Inhalt der Idee nur noch ein sich selbst vermittelndes Wissen, das dadurch bloß die Bestimmung der freien Intelligenz zum Prinzip hat. In der Religion kann der absolute Geist als Geist gedacht werden. Sie denkt das zum dem Absoluten sich verhaltende Innere, während die Kunst das Absolute nur anschauen konnte.

Dass auch die Religion nur ein Schritt auf dem Weg zur Vollendung der Selbsterkenntnis des Absoluten ist, wird in den folgenden Paragraphen der EPW dargelegt.

3. Quellen

1. „Enzyklopädie der philosophischen Wissenschaften 3", von G. W. F. Hegel, suhrkamp taschenbuch wissenschaft Verlag (EPW)

2. „Hegels Lehre vom absoluten Geist als theologisch politischer Traktat", von Michael Theunissen, Walter de Gruyter & Co Verlag (Hegels Lehre vom absoluten Geist)

3. „Hegels Enzyklopädie der philosophischen Wissenschaften, Ein Kommentar zum Systemgrundriss von Hermann Drüe, Annemarie Gethmann- Siefert, Christa Hackenesch, Walter Jaeschke, Wolfgang Neuser und Herbert Schnäderlbach", suhrkamp taschenbuch wissenschaft Verlag (Hegels EPW)

4. „Selbsterkenntnis des Absoluten, Grundlinien der Hegelschen Philosophie des Geistes", von Adriaan Peperzak, frommann-holzboog Verlag (Selbsterkenntnis des Absoluten)